Maristela Negri

A rosa selvagem não é uma miragem

Um encontro através da poesia

COM ILUSTRAÇÕES DE
Leandro Dorta Piccoli

Editora Labrador

Copyright © 2020 de Maristela Negri
Todos os direitos desta edição reservados à Editora Labrador.

Coordenação editorial
Erika Nakahata

Imagem de capa
Freepik.com

Projeto gráfico, diagramação e capa
Felipe Rosa

Revisão
Luísa de Freitas
Andressa Bezerra Corrêa

Assistência editorial
Gabriela Castro

Dados Internacionais de Catalogação na Publicação (CIP)
Angélica Ilacqua – CRB-8/7057

Negri, Maristela
A rosa selvagem não é uma miragem / Maristela Negri. – São Paulo : Labrador, 2020.
144 p.

ISBN 978-65-5044-000-8

1. Poesia brasileira I. Título.

19-1372   CDD B869.1

Índice para catálogo sistemático:
1. Poesia brasileira

Editora Labrador
Diretor editorial: Daniel Pinsky
Rua Dr. José Elias, 520 – Alto da Lapa
05083-030 – São Paulo – SP
+55 (11) 3641-7446
contato@editoralabrador.com.br
www.editoralabrador.com.br
facebook.com/editoralabrador
instagram.com/editoralabrador

A reprodução de qualquer parte desta obra é ilegal e configura uma apropriação indevida dos direitos intelectuais e patrimoniais da autora.

A Editora não é responsável pelo conteúdo deste livro.
A autora conhece os fatos narrados, pelos quais é responsável, assim como se responsabiliza pelos juízos emitidos.

Dedico este livro a você,
que, ao se conectar com sua essência, despe-se
do medo de se expor,
emociona-se, transforma-se, afinando a escuta
e dando voz à sua alma!
Que a gente prossiga se conectando
e se reconhecendo pela poesia.

"Se você disse sim a uma ideia, é hora de o espetáculo começar. Agora seu trabalho se torna ao mesmo tempo simples e complicado. Você fechou oficialmente um contrato com a inspiração e precisa tentar cumpri-lo, seguir em frente até chegar ao imprevisível resultado."
Elizabeth Gilbert

AGRADECIMENTOS

À minha mãe, Clara, uma mulher sensível, guerreira, que faz da vida um caminho de bondade e, de seu exemplo, um caminho a seguir. Foi ela a responsável pelo meu gosto pela leitura e escrita.

Ao meu esposo, Vandalberto, meu grande companheiro de amor e de vida, que soube entender minhas inquietações e buscas e, acima de tudo, estar ao meu lado para me apoiar e incentivar.

Aos meus filhos, Matheus, Gabriel e Ana Clara, razões maiores de minha vida, que, com os questionamentos característicos da juventude, fizeram-me evoluir.

Agradeço aos meus irmãos, Heraldo, Eduardo e Marisa, pela amizade e pelo amor à nossa mãe, que nos unem e nos tornam companheiros de jornada.

À queridíssima Laura, por proporcionar jornadas incríveis, em especial a jornada de autoliderança na Chapada dos Veadeiros, onde este livro nasceu.

À maravilhosa Nelma, facilitadora da jornada: um agradecimento especial pela prontidão em escrever o prefácio deste livro, lado a lado, jornadeando.

Agradeço às companheiras da respectiva caminhada, que me acompanharam nesse despertar: Angélica, Cecilia, Diva e Fátima.

Agradeço imensamente ao Leandro, carinhosamente conhecido como Lena, por seu incrível trabalho na criação das ilustrações para o livro – amei!

Muito grata à minha querida amiga Luciane, que dedicou parte de seu tempo à leitura atenta de meus originais, com seus preciosos *feedbacks*.

Um carinho especial à Leandra, que há 20 anos está junto da minha família, pela dedicação e pela paciência em ouvir meus poemas e meus textos.

Sou grata à minha querida amiga e sócia Alessandra, sempre apoiando e me incentivando.

Às minhas lindas alunas do CLAP e aos meus queridos alunos do CAFI, pelo apoio incondicional e fonte de inspiração.

Aos queridos André e Giovanna, que me acompanharam nessa jornada e acreditaram no seu sucesso.

Agradeço imensamente a Deus, pela vida e pela benção de estar sempre rodeada por pessoas do bem.

SUMÁRIO

PREFÁCIO 9

INTRODUÇÃO 11

A PARTIDA 21
    CHAPADA DOS VEADEIROS 24
    QUEM SOMOS? 37
    O CAMINHO 39
    A ENTREGA 41
    O OLHAR 44
    DESPERTAR 46
    NOVA ERA 48
    O SILÊNCIO 50
    ACORDAR 52
    CONSCIÊNCIA 54

O DESLUMBRAMENTO 57
    SIMPLICIDADE 58
    VOZES 59
    SONHOS 61
    NATUREZA INTELIGENTE 63
    RENASCER 65
    NATUREZA 66
    COLHEITA 68
    NADA PERMANECE 70
    NÉCTAR 71
    SENTIMENTOS VERDADEIROS 72
    INFINITAS POSSIBILIDADES 73

O PARTO 75
    NASCIMENTO 76
    DESPERTAR 77
    ÁGUAS CRISTALINAS 78
    VOAR 79
    RECOMEÇO 80
    RESSIGNIFICAR 82
    PLANTIO 83
    CRESCIMENTO 84
    LIBERTAÇÃO 86

INOCÊNCIA PERDIDA 88
EXPANSÃO DA CONSCIÊNCIA 89
ESCOLHAS 90
MILAGRES 92
PRESENÇA 93
DUALIDADE 94
JORNADA DA VIDA 95
NOITE 96
LIÇÕES 97
FLORESCER 98
CRESCER 99
COLORIR A VIDA 100
NOVAS PERSPECTIVAS 101
ESTRADA DA VIDA 102
DESAFIOS 103
AMANHECER 104
ENTREGA 105
ESCOLHAS 106

DE VOLTA PARA CASA 109
ETERNO APRENDIZ 110
GRATIDÃO 111
O EU VERDADEIRO 113
O DIA REGRESSA 115
FLUIR DA VIDA 117
RETORNO 119
ACONCHEGO DO LAR 121
A JORNADA 122
VIVER COM PLENITUDE 123
VIVER SEM DEMORA 125
O RESGATE 127
CRIAÇÃO 129
PERSISTÊNCIA 130
DESAPEGO 131
TEMPO DE APRENDIZAGEM 132
VIDA 133
TRATO COM A VIDA 134
O OLHAR 135
MANHÃ DE OUTONO 136
SONHO 137
CICLO DA VIDA 138
SILÊNCIO 139
ENTREGA 140
INSTANTE 141

PREFÁCIO

A rosa selvagem não é uma miragem!

Todo livro começa com uma história, e este não poderia ser diferente — a história de um encontro e de um reencontro.

Encontrei-me com Maristela pela primeira vez em um curso para Formação de Danças Circulares Sagradas, em 2005. O que fazíamos ali? Procurávamos novos passos, mais leves, mais fluidos e mais flutuantes. E por seis meses pudemos, lado a lado, cirandar. Desde então, ainda que distantes, sempre soubemos por quais caminhos estávamos passeando.

Em abril de 2018, atuei como facilitadora em uma jornada de autoliderança pelas trilhas da Chapada dos Veadeiros e, para minha surpresa, Maristela era uma das participantes. Meu coração se encheu de alegria! Mais uma vez, a vida nos presenteou com um caminho por onde pudéssemos, lado a lado, jornadear!

Quando a questionei sobre qual resultado almejava com a viagem, respondeu-me que nem sequer imaginava aonde chegaria, e que sua motivação foi confiar na intuição como ponto de partida.

Com assertividade, leveza e segurança, os olhos brilhantes e a curiosidade pueril a cada novo passo que se ampliava, iniciou a jornada.

Para (nos) encontrarmos é preciso (nos) procurarmos. Por essa razão, a jornada era farta de tarefas. E, entre elas, devíamos ampliar a escuta e o olhar para a natureza tanto de fora quanto de dentro. A cada trilha, surgiam novas perguntas, novos desafios, novas conquistas, novas reflexões, novas descobertas e novos olhares.

Cada jornada é única. Ainda que lado a lado, essa foi a jornada de autodescoberta de Maristela. Ela caminhou pelos labirintos de si mesma, do sentido de sua existência e do propósito de sua vida. Saboreou a reconexão com a paz interior, com a verdadeira liberdade e com a natureza essencial. E, honrando cada passo dado, avançou rumo à "melhor versão de si mesma".

Este livro-poema revela a experiência para "além da jornada"... *A rosa selvagem não é uma miragem* é o reencontro da autora com sua alma. A beleza, a verdade e o amor expressos em poesia são contagiantes. Desejo ao leitor um contágio similar. Que estas páginas possam inspirar seus passos rumo ao coração!

Nelma da Silva Sá
São Paulo, maio de 2019

INTRODUÇÃO

Você conhece essa pessoa, uma mulher em sua jornada pela vida, como tantas outras, que quer apenas viver e ser feliz. Os filhos estudando fora, marido trabalhando em outra cidade, de repente ela ficou só!

Sentiu um vazio, um silêncio! Num primeiro momento, não conseguiu identificar se era bom ou ruim; ou melhor, talvez não precise ser isto ou aquilo! Apenas lembrou-se de Johannes Scotus Eriugena ao citar o desabafo de uma bailarina quando diz: "Certa vez, quando caí num momento crítico de um espetáculo, não tive tempo, embora humilhada e chocada, para um comportamento de autopiedade. A única pergunta relevante a fazer é: *o que vem depois?* E assim seguir em frente!"

Seguir em frente

Entendendo que os filhos
Estão em suas próprias jornadas,
Assim como uma planta
Nasce, cresce e desabrocha
A partir de uma semente amada.

Seguir em frente…

A vida não precisa de ensaio,
A vida flui, é dinâmica.

Ela já está acontecendo.
E o tempo, passando, sorrateiro,
Tanto para quem busca,
E para quem se omite,
Para quem está alegre,
E para quem está triste.
Para quem está na luz,
E para quem está na escuridão.
Para quem os pássaros cantam,
E para quem os pássaros não cantam!

Seguir em frente…

Continuar nossa jornada,
Sem medos, altivas,
Com sonhos, desejos e anseios.

Seguir em frente…

Afinal, o que nós mulheres queremos?

Queremos a liberdade de decidir como viver.
Fazer da própria vida uma permanente invenção.
Ter autonomia, fazer nossas próprias escolhas.
Escolhas essas que não precisam ser definitivas.

Afinal, o que nós mulheres queremos?

Queremos ousar, brincar, sorrir, falar,
Ressignificar nossas vidas da melhor forma possível.
Contar com as infinitas possibilidades,
Gerenciá-las para uma vida feliz,
Satisfatória e significativa.

Afinal, o que nós mulheres queremos?

Queremos formular nossa própria definição de felicidade.
Casar, não casar, ter filhos, não ter filhos,
Criar, viajar, ter amigos, dançar,
Viver, amar e prosperar!

"Eu sou aquela mulher
a quem o tempo
muito ensinou.
Ensinou a amar a vida.
Não desistir da luta.
Recomeçar na derrota.
Renunciar a palavras e pensamentos negativos.
Acreditar nos valores humanos.
Ser otimista."
Cora Coralina

Talvez esse viver, para nós, mulheres, com nossas buscas constantes, esteja na capacidade de reconhecermos o viver em todas as nuances: menina e mulher; mãe e filha; esposa, amante e profissional; com TPM, sem TPM; na menopausa ou não. Todas buscando a plenitude da vida entre doar e receber; pedir e agradecer; amar e odiar; ser forte e ser frágil; caminhar e parar; seguir adiante e dar um passo para trás; falar e silenciar; cansar e energizar; sorrir e chorar; buscando compreender os paradoxos da vida, pois como nos diz Cláudia Riecken: "os melhores sobreviventes e os mais resilientes vivem bem com essas características duais, paradoxais. São capazes de migrar entre elas, conforme a necessidade, porque estão mais em contato com sua natureza essencial [...] a alma é livre, para seguir *qualquer* caminho".

Quanto há na essência de cada mulher!

Não importa quantos anos de vida tenhamos, todas nós queremos viver plenamente cada dia, acolhendo nossa sombra e deixando essência e brilho interno resplandecerem, pois, quando optamos por viver do modo mais pleno e iluminado possível, muitas outras pessoas que estiverem por perto serão contagiadas, se assim se permitirem.

Desta forma, acredito, encontrei os passos que ancoram minha jornada de mulher, um melhor caminho de ser e de viver.

Consciente da passagem do tempo, das transformações corporais, transformações que representam a verdade da existência; consciente do ninho vazio, tendo em mente que aquilo que marca o ser humano são as relações dialéticas entre o nosso corpo, nossa alma e o mundo no qual se manifestam. A partir daí, ser criativa e refazer nossas crenças, reescrevendo nossa história na temporalidade, transformando o olhar para ver o belo e aceitar as transformações que adquirimos com o tempo, aceitar as diferenças, aceitar que os filhos criaram asas e que esses momentos fazem parte da vida.

> "A mente iluminada é a que vê impermanência."
> *Dogen*

E assim, resolvi seguir em frente!
Seguir viagem nesta vida.
A jornada de autoliderança nos convida!
Até que constatei, novas perspectivas para a vida são possíveis, através do contato consigo mesma, através da conexão Divina.

Insights **para a partida**

Em uma noite de verão de 2018, vi publicado no Facebook um convite para uma Jornada de Autoliderança pela Chapada dos Veadeiros, em Goiás, postado por uma amiga que eu não via há anos.

Fiquei empolgada com a possibilidade de participar, mas ficou inviável ao saber do valor a ser investido.

Duas semanas se passaram e o desejo ardente de participar só aumentava. Na quinta-feira, a 10 dias da jornada, após minha meditação, tive uma intuição: "Vá à Chapada dos Veadeiros!". Acabei decidindo aceitar o pontapé inicial de minha intuição e liguei para a proprietária da empresa responsável pela organização do evento para saber se ainda dava tempo e quais as providências a serem tomadas.

A primeira pergunta da proprietária da empresa foi: "Você já tomou a vacina da febre amarela?". Pois é, eu não havia tomado! Então, o próximo passo era procurar um posto de saúde, já que para embarcar eu tinha o prazo de exatamente 10 dias, antecedência exigida nessa vacinação.

Havia um porém: a minha residência fica na cidade vizinha de onde eu trabalho e, portanto, de onde eu estava no momento, teria apenas

1h30 para tomar a vacina, já que o horário era determinado e não dava tempo de retornar. Havia também outro detalhe importante: para receber a vacina, eu precisava ter um comprovante de residência.

Com isso em mente, pensei: "E agora, como faço com o comprovante de residência?". Um estalo! Como sou administradora das contas de minha mãe, que reside na cidade onde eu estava naquele momento, logo lembrei que a conta de água dela estava em minha bolsa e a apresentei à agente de saúde para conseguir tomar a vacina a tempo da partida para a viagem.

Quanto ao valor do pacote, também foi providencial: resgatei um investimento bancário que venceu na semana da viagem.

Mas ainda tinha um ponto: meu marido também trabalha em outra cidade e eu não havia conversado com ele a respeito desse meu desejo. Liguei meio apreensiva de como ele iria reagir em meio aos gastos e à decisão de me aventurar dali a dez dias (embora eu já tivesse decidido que iria!). Confesso, fiquei feliz ao ouvir a resposta dele: "Vá, siga sua intuição".

"Foi como se o universo
o conectasse sutilmente com
seu sonho e o
encorajasse a realizá-lo."
Trish MacGregor e Rob MacGregor

A PARTIDA

Aceitei o convite
Saí da minha zona de conforto.
Fui até o aeroporto
Na Chapada dos Veadeiros desembarquei
E uma vida mais colorida conquistei!

"[...] ao seguir sua felicidade, você se coloca numa espécie de trilha que sempre esteve ali, à sua espera, e a vida que você deveria viver é a mesma que está vivendo. Quando consegue enxergar isso, você começa a encontrar pessoas que estão no campo da sua felicidade, e elas abrem as portas para você. Eu costumo dizer: persiga a sua felicidade e não tenha medo, então portas se abrirão onde você nem sequer sabia que havia portas."
Joseph Campbell

CHAPADA DOS VEADEIROS
Reflexões iniciais

Chegada ao Parque São Jorge.

Café da manhã em Goiás.
Parque São Jorge bom demais!
Pão de queijo, tapioca e mel!
Hoje, num pedacinho do céu!

Fiquei deslumbrada com o lugar. O primeiro passeio foi conhecer o Vale da Lua. Um lugar maravilhoso, apreciado com a alma plena. A respiração induzia a meditação, uma conexão com o Divino.

Na cachoeira do Vale da Lua,
A verdade nua e crua.
Nadei até a correnteza,
Uma voz, com sua certeza,
murmurou: "Vá, você consegue,
a força lhe foi entregue".
A meta estava definida,
toda energia, todo poder, um marco em
    minha vida.

Pulou na cachoeira, a criança que habita o
    meu ser.
Para quê?
Talvez para que meus anseios mais profundos
    possam renascer.
Pois na infância, a alma vai feliz,
A velha sábia, assim o diz!

À noite, já preparada para dormir, *flashes* na mente, encantada com o que eu havia vivenciado. Muita entrega, leveza, encantamento, certeza que somos uma teia conectada com o todo.

Algo extraordinário ocorreu por volta das 4 horas da manhã: acordei com o primeiro poema em minha mente. Peguei minha agenda e comecei a anotar. Minha companheira de quarto acordou assustada, achando que eu estivesse passando mal.

Pelo contrário, pela primeira vez senti o fluxo de ideias fluir pelo canal da inspiração. E, por incrível que pareça, durante a estada na Chapada dos Veadeiros os poemas fluíram com a espontaneidade do curso de um rio que segue o seu caminho até o oceano. Ao ler o livro de Elizabeth Gilbert, *A grande magia*, identifiquei-me com o processo criativo de Ruth Stone, citado no texto:

> "às vezes estava trabalhando no campo quando de repente ouvia um poema vindo em sua direção – ouvia-o atravessar a paisagem, veloz como um cavalo a galope. Sempre que isso acontecia, sabia exatamente o que precisava fazer: 'corria como o diabo' para casa, tentando se manter à frente do poema, esperando conseguir chegar a um papel e um lápis rápido o suficiente para poder agarrá-lo. Assim, quando o poema

passasse por ela, poderia pegá-lo e anotá-lo, deixando que as palavras vertessem sobre a página."

Estava em estado de êxtase com o local e com as minhas companheiras de jornada.

Juntas, sete mulheres, sete meninas,
Caminham, anseiam e despertam unidas.
Maduras e já vividas.
Aqui, despertam para a nova vida!

"A tarefa crucial da grande mãe é simplesmente a seguinte, e nada, além disto: viver a vida plenamente. Não pela metade. Não três quartos. Não um dia, abundância; no outro penúria. Mas viver plenamente cada dia. Não de acordo com a capacidade do outro. Mas de acordo com sua própria capacidade, predestinada, de livre-arbítrio, que dá vida, não entorpece a vida."
Clarissa Pinkola Estés

Sabe quando vem aquela sensação maravilhosa: "Eu consegui, estou aqui!"?

Pois é, estava plena, feliz!

Na cama, as reflexões iniciais:

- O que vim fazer na Chapada dos Veadeiros?
- O que será essa jornada de autoliderança?
- Por que seguir esse chamado? Se é que foi um chamado!
- Será que tem algo de extraordinário?

Por que estou aqui?
Se muito já vivi.
Talvez um novo recomeço,
Viver na plenitude, eu mereço!

"Um músico precisa fazer música. Um artista precisa pintar. Um poeta precisa escrever. Se quiser ficar em paz de verdade consigo mesmo, o homem precisa ser aquilo que ele precisa ser."
Abraham Maslow

Mulher!
Esteja pronta para o que vier.
O que estou fazendo aqui?
Procurando algo?
Buscando algo?

Talvez...

- Resgatar minha essência... o que eu sou?
- Empoderar o meu ser?
- Revisitar e resgatar os meus talentos e habilidades?
- Aprender com a imponência da natureza, sua força, beleza, imensidão?
- Ser a protagonista de minha própria vida?
- No vazio encontrar o meu todo?
- No individual encontrar o coletivo e no coletivo o individual?
- Seguir a trilha, observando as pedras e as flores pelo caminho, exercitar o olhar perante esse paradoxo?
- Encontrar sentido, ser resiliente, ser flexível?

- Observar os recursos que facilitam o meu trajeto?
- Gerenciar os riscos?
- Resgatar recursos internos e externos?
- Criar o novo, pensar para além dos meus limites?

TALVEZ TUDO JUNTO E MISTURADO!

PENSAR PARA ALÉM DOS MEUS LIMITES!

> "Quando você resolve procurar os seus sonhos na vida real, por onde começar?"
> *Elle Luna*

Pelo encontro comigo mesma, pensei: "Neste momento, na jornada de autoliderança na Chapada dos Veadeiros".

Todos os dias, caminhávamos por trilhas diversas, com pedras, flores, degraus, áreas mais íngremes, menos íngremes, longas e curtas. Nos banhávamos em cachoeiras maravilhosas, exuberantes. Ficamos literalmente imersas na imensidão da natureza. O que a natureza tem a nos ensinar?

Neste momento, compreendi que precisamos entrar em conexão com a nossa natureza interior para manifestar o que temos dentro de nós, para fazermos o que quisermos, o que nos inspira, encanta, fascina e o que nos preenche a vida.

Acolhi minha inspiração, acolhi meu ser em sua plenitude, sentei e procurei transpor para o papel minhas experiências emocionais em meio à natureza. Assim, os poemas criaram asas e se materializaram aqui.

"Lancei-me àquela ideia como um salmão se lança contra a corrente. Depois que ela penetrou minha consciência, não deixei de segui-la por um momento sequer – até o livro estar pronto."
Elizabeth Gilbert

QUEM SOMOS?

Meu corpo anseia silenciar!
Estou aqui a meditar!
Onde estamos, para onde vamos?
Só saberemos se descobrirmos quem somos!

Sigo adiante, com toda minha verdade,
Estou na frente de um céu infinito de
 possibilidades.
Visto-me de coragem,
Prossigo minha viagem!

Somos únicos, trazemos conosco
Uma melodia original.
Juntos, formamos uma grande sinfonia
 universal.
É no ato de sonhar,
É no ato de criar,
É no ato de trabalhar
Que descobrimos quem realmente somos!

"E se quem nós somos e o que fazemos se transformassem na mesma coisa? 'O que conta não é o que um artista faz, mas o que ele é', disse Picasso. Mas sua arte era completamente autobiográfica e o que ele fazia era o que ele era."
Elle Luna

O CAMINHO

A nuvem passa, o sol se esconde.
Caminho, caminho, para onde?
Altos e baixos, luz e sombra, menina e mulher.
Pare, ouça! Faça o que quiser!
Busque o encantamento,
Viva cada momento!
Dedique-se ao que te fascina,
Ao que lhe dá vida e te ilumina!

"O que você procura está procurando você."
Rumi

A ENTREGA

Menina e mulher,
Tire as algemas que tentam te prender.
Seja o que você quiser.
Se entregue a você,
Se entregue ao Universo
Se entregue à vida
A natureza dentro de si convida!

"O que é mais provável é que no portal do paraíso queiram saber com que intensidade escolhemos viver."
Clarissa Pinkola Estés

O OLHAR

Hoje, alegre estou.
Meu ser, minha cena pintou,
Pois o que quero fazer estou a olhar.
E assim o Universo irá se alinhar.

"Nós somos talhados e moldados
por aquilo que amamos."
Goethe

DESPERTAR

Infinitas possibilidades,
Presentes em todas as idades.
Basta se entregar
E na sua essência acreditar!

E, com esse despertar,
Pronta, estou a mudar.
Minha alma a todos convida!
Juntos, vamos celebrar a nova vida.

"Desacelere e aproveite a vida. Não é apenas a paisagem que está perdendo ao se mover rápido demais – você também perde o senso de direção para onde está indo e o porquê."
Eddie Cantor

NOVA ERA

No banco, com minha companheira diva!
Livres, leves e altivas!
Vamos, a jornada nos espera.
Para viver essa nova Era!

"Ela se mantinha de pé, com os joelhos mergulhados no fluir da vida, sempre prestando muita atenção."
Julia Cameron

O SILÊNCIO

Estou aqui em silêncio a te ouvir.
Meditando, me conectando, buscando evoluir.
Silêncio do dia, silêncio da noite, silêncio interior.
Consciente do presente, consciente da missão,
Consciente de seu amor!

"A inspiração que você procura já está dentro de você. Fique em silêncio e escute."
Rumi

ACORDAR

Acordamos com a chuva,
A reflexão nos chama.
Ficaremos aqui, estagnadas,
Ou prosseguiremos nossa jornada?

Jornada da vida,
Jornada colorida.
Vida que desabrocha singela
Entrando pela fresta da janela.

"Por uma só fresta entra toda
a vida que o sol empresta."
Alice Ruiz

CONSCIÊNCIA

A rosa selvagem
Não é uma miragem.
Fique atenta, seja paciente,
Você a encontrará, esteja consciente!

"Dizem que a descoberta é um acaso encontrando uma mente preparada."
Albert Szent-Gyorgyl

O DESLUMBRAMENTO

SIMPLICIDADE

Singela margarida.
Exemplo de amor à vida.
Conecta-nos à simplicidade.
No despertar da nossa Divindade.

VOZES

Olhar distante, coração pulsante.
Sonhos, anseios e desejos, todos seguem
   avante!
Vozes da natureza a zelar,
Para a trilha do nosso despertar!

> "Você estabelece a conexão.
> De repente, tudo se encaixa."
> *Elizabeth Gilbert*

Para a trilha do nosso despertar!

SONHOS

Mochila, tênis, 'bora para a trilha.
Mulheres, meninas, sem gargantilhas.
Resgatar os sonhos, agir e livremente colorir.
Pois nos permitimos nesse instante sorrir.

"Sem os sobressaltos da imaginação e do sonho perdemos o estímulo das possibilidades. Sonhar é uma forma de planejar."
Gloria Steinem

NATUREZA INTELIGENTE

Cerrado é demais, isso é consenso.
Cerrado, restrito, lato sensu.
Natureza inteligente.
Cérebro consciente.

No cerrado dourado,
Deus seja louvado!
Vida brota resiliente.
Gratidão à natureza inteligente!

"Quanto mais prestamos atenção às maravilhas e realidades do Universo acima de nós com lucidez, menos teremos inclinação à destruição."
Rachel Carson

RENASCER

Pássaros a cantarolar.
Brisa a suavizar.
Sinais do amanhecer,
E a criança pronta a renascer!

NATUREZA

A flor ameniza nosso caminho.
Pois traz consigo o ápice da energia vital.
Todos, acolhidos em nosso ninho,
Amparados pela Luz do Cristal!

Simplesmente observe a natureza.
Em tudo há beleza.
Pelo caminho encontramos pedra e cristal!
E a natureza sábia
Entrega todo o seu potencial!

COLHEITA

Chapada dos Veadeiros,
Trilhando a natureza
Na essência, encontro a beleza,
Desenhando meu Eu verdadeiro.

Todos os dias, trilhas diferentes.
Paisagens mudam pelo caminho,
Assim a vida também se apresenta.
Por isso, é preciso estar presente,
Para que da vida tenhamos a melhor colheita.

"Para ter o que nunca teve,
faça o que nunca fez."
Jim Rohn

NADA PERMANECE

Jornada na trilha,
Reflexão consentida.
Alma que brilha
Na teia da vida.

A vida flui, nada permanece.
Um dia sol, um dia chuva, isso me fortalece.
Há possibilidades infinitas à nossa espera.
Adentre sua alma, sua vida assim prospera.

NÉCTAR

Nos pastos a trilha seguir.
Do néctar se nutrir.
A chuva traz introspecção
E o sol, a expansão.

"Mas, para que tudo se modifique,
precisamos mudar por dentro."
Louise L. Hay

SENTIMENTOS VERDADEIROS

Na Chapada dos Veadeiros,
Sentimentos verdadeiros.
Encontrei minha inteireza,
Pelo poder da natureza.
Pedra sobre pedra, um passo de cada vez.
Corpo imbuído de sua altivez,
Consciente, presente, assim prossegue
Para desfrutar de tudo que lhe for entregue!

INFINITAS POSSIBILIDADES

No ápice da trilha, envolta pela natureza,
Consciente, presente, em meio à beleza.
Sou atirada num caleidoscópio de infinitas possibilidades.
Esclarecendo a mim mesma
Notificando ao Universo
Tudo sei, eu confesso.
Aqui estou, pronta para o processo,
Abrindo-me para novas descobertas
Ser quem sou, estarei alerta!
Saber o que quero, é manter minha alma viva e completa!

O PARTO

NASCIMENTO

O que vem com tanta emoção?
O fluir da vida, a alma e o coração.
A energia do sol, iluminando o dia,
A mata virgem, pura magia!

A semente que germina,
Na roda que gira, gerando vida!
O rio, o céu, a terra encantada,
A Centelha Divina, na Casa Sagrada.

O infinito, a harmonia, a perfeição,
As cores, os riscos, a imaginação.
Que vem de mansinho, como um presente,
Trazer luz, encantamento, para despertar o
   consciente!

DESPERTAR

No meio da noite despertei
E minha essência visitei.
Encontrei minha missão,
Desperta na Educação.
Educação experienciada,
Educação falada,
Que também na escrita pode ser despertada!

ÁGUAS CRISTALINAS

Mergulhe nas águas cristalinas.
E liberte-se das guilhotinas.
A outra margem encontrará,
e sua luz resplandecerá!

VOAR

Libere tensões de sua mente.
Aproveite o que está latente.
Para começar, precisamos finalizar.
E assim nossos sonhos realizar!

Se queres voar,
tens que ousar.
E a disciplina incorporar.

Uma meta estabelecer
E, consciente, não esmorecer.
Seguir em frente para vencer.

RECOMEÇO

Subo, desço, atenta permaneço.
Se quero um recomeço,
sinto, percebo a intenção.
Para enfim otimizar meu potencial de
  realização.

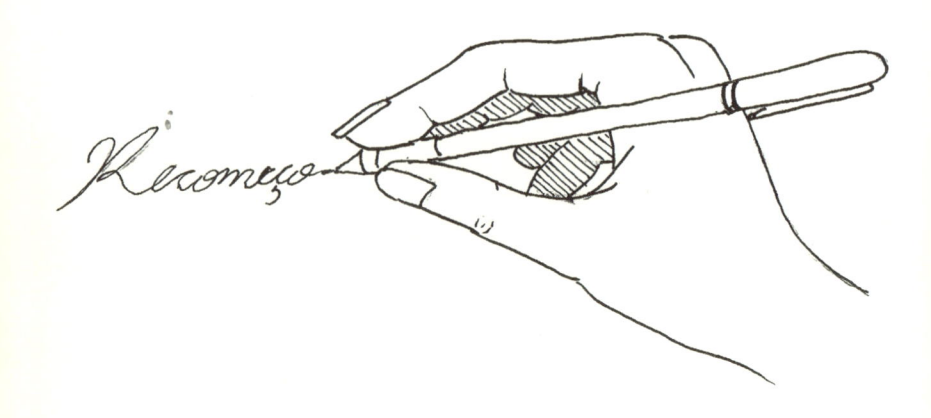

"Crie aquilo que faz seu coração bater mais forte."
Elizabeth Gilbert

RESSIGNIFICAR

Imponência da natureza
Dá-nos muita clareza.
Se você quer crescer
Empodere o seu ser!

Quando alguma experiência te imobilizar,
É preciso ressignificar.
Deixar de fotografar,
Para sua consciência ampliar.
E sua essência encontrar.

PLANTIO

Do preto e branco me nutri,
Chorei, sorri e evoluí.
Resgatei cores, sabores e odores,
Plantei, desabrochei e colhi flores.

CRESCIMENTO

Trilhas, com pedras, degraus e areia,
Não posso prosseguir alheia.
Com atenção tenho que olhar,
E assim os riscos gerenciar.

A trilha reeduca o meu olhar,
Para os recursos que facilitam o meu
    caminhar.
Passo a passo, uma linda jornada vivenciar,
E assim minha consciência ampliar.

Na vida, na trilha, muitos desafios.
Que fluem, de mansinho, no leito dos rios.
Trazem-nos, no silêncio, o amadurecimento,
Que tudo converge para nosso crescimento.

Na jornada do Cerrado, experiências da vida.
No silêncio de si, a alma convida.
A reconhecer, no aconchego, seus dons e
    talentos,
Que desabrocham como flor, basta estarmos
    atentos.

"Assuma o controle de sua vida e o que acontece? Uma coisa terrível: você não terá mais ninguém para culpar."
Erica Jong

LIBERTAÇÃO

Diante da calmaria do rio,
O que está por um fio?
O despertar que te transforma em cachoeira?
Ou a ignorância que te deixa sem eira nem beira?

A rota escolhida, Chapada dos Veadeiros,
Tornou-se em si um caminho verdadeiro,
Despertou em mim a libertação,
Que permite, enfim, o caminho da ação.

"Não é porque as coisas são difíceis que não ousamos; é por não ousarmos que as coisas se tornam difíceis."
Sêneca

INOCÊNCIA PERDIDA

Adulto consciente, alma assistida.
Nossa ação, resgatar a inocência perdida.
Nosso tesouro, a espontaneidade e pureza da
 criança em nós.
Para que possamos viver leves e felizes
 desatando os nossos nós!

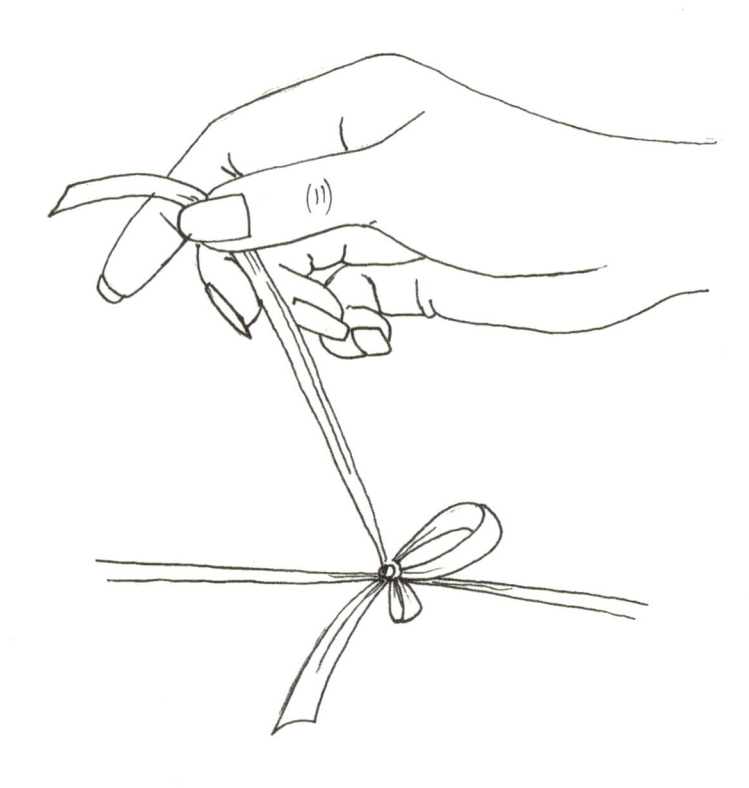

EXPANSÃO DA CONSCIÊNCIA

Na jornada escolhida, a beleza e fragrância da flor.
No caminhar, todas unidas, no despertar do amor.
Ao nos banharmos na cachoeira, tomamos ciência.
Estamos aqui para a expansão da consciência.

No cerrado goiano, sedentas uivantes.
Entre flores e pedras, desfazendo crenças limitantes.
E a felicidade encontrar no lugar certo.
Dentro de nós, assim tão perto!

ESCOLHAS

A mata verde desbravar.
A Centelha Divina encontrar.
O que não quero mais, desapego.
Honro minhas escolhas, ao Universo me
	entrego!

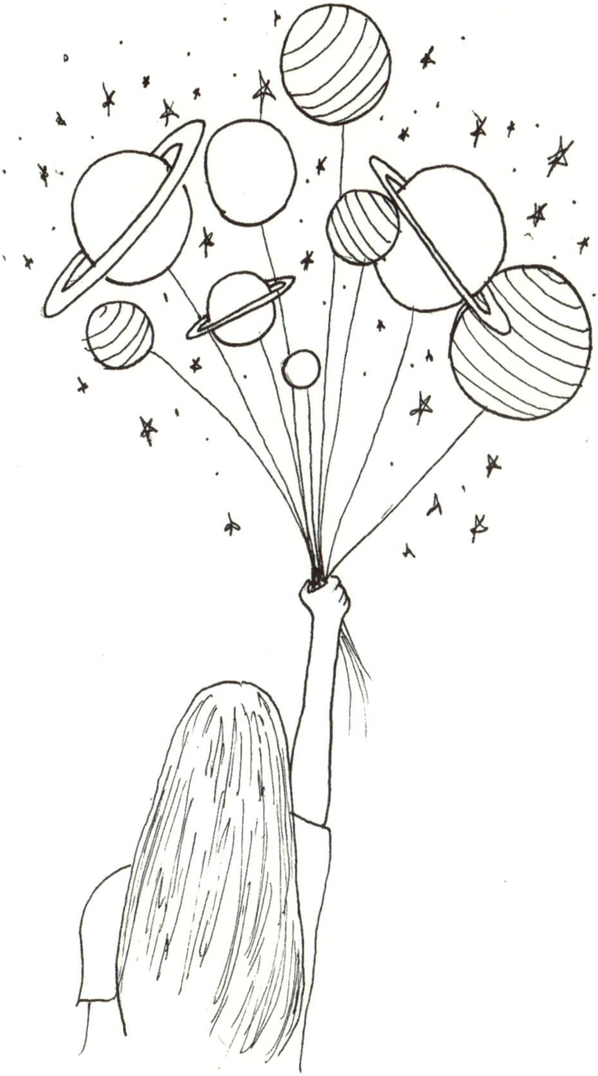

MILAGRES

Sigo saltitante como o grilo,
Sem pensar é isto ou aquilo!
Somente fluindo com o rio,
Tecendo sempre, fio a fio.

A vida passa, tudo acontece,
Busco tudo que me apetece.
Os milagres da profunda beleza
Estão dentro de mim, com toda certeza.

PRESENÇA

Caminhando em grupo, caminhando só,
Cultivando a presença.
Seguindo trilhas, observando pedras,
Resgatando a criança.
Pela jornada, bem concentrada, sentindo a vida.
Que pulsa intensa, que pulsa plena, assim nos convida.

DUALIDADE

Dualidade da vida presente em nosso ser.
Basta se entregar e nessa consciência crescer.
Regar o amor, curar a dor, acolher o medo e o desejo ampliar.
Deixar crescer, saber confiar, amadurecer, poder vibrar.

JORNADA DA VIDA

Jornada da vida, menina mulher,
Acolhe a todos como vier.
Mãe, amante, segue avante,
A trilha à sua frente, perseverante.
Na vida que pulsa, doar e receber,
No coração alegre, pedir e agradecer,
Na roda da vida, caminhar e parar,
E em seu caminho cantar e silenciar.
E consciente de sua jornada, na luz e na sombra, entre o sim e o não,
Resgata o amor dentro de seu coração!

NOITE

A noite cai, o dia vem,
A vida é um vaivém.
Hoje na sombra, amanhã na luz,
Fé e coragem, o fogo conduz.

Disciplina, ação, o amor reluzir,
A alma encantada, sempre a sorrir.
Um mundo novo a explorar,
E as dicas do coração, sempre acatar!

LIÇÕES

Agora, vibrante estou, desabrochar?
Estou em ação, aprendi as lições.
Meu eu criativo, conectado com o Criador,
 enriquece minhas criações.
Quero estar e ser livre, ao Universo me
 entregar,
Quero voar, silenciar, dançar, conectar, para
 que a minha casa possa encontrar.
Como encontrá-la?
Abra as portas do coração.
Deixe que seu corpo parta em ação.
Ação presente no sentir,
Ação presente no pensar,
Ação presente no agir.
Agir de forma congruente
Para que possa estar ciente
Que a vida acontece agora,
Esteja atenta, sem demora!

FLORESCER

Hoje estou feliz, hoje estou triste, estou a sorrir, estou a chorar.
O dia passa radiante, e a roda da vida sempre a rodar.
Levante, siga adiante, o amor é a grande inspiração.
Menina, mulher, seu lar, sua imensidão!
Encontrar a imensidão,
Traz luz à escuridão.
É a pura verdade, não é utopia.
Diante das infinitas possibilidades, tudo rodopia!
Rodopia, rodopia, até transcender,
E o fogo do amor ascender
E seu Eu verdadeiro florescer!

CRESCER

Crescemos pelo amor,
Crescemos pela dor.
Quando a vida lhe dá um tapa,
"Durmo, acordo, desperto?"
Qual será o certo?
Siga em frente
Aprenda com o que nos mostra o presente.
Não busque a vitimização
A vida requer ação,
Para que encontres sua missão!

"E qual a minha missão?"
Esta é a indagação!
Silencie, revisite sua biografia.
Honre seu caminho, honre sua família.
Expanda sua consciência e de tudo terá
   ciência.

Só assim irá transcender,
O julgamento não atender,
O orgulho desfazer,
A conexão com o Criador estabelecer!

COLORIR A VIDA

Pensar, sentir, agir.
Como posso interagir
E meu sonho conseguir?
Novos horizontes descobrir,
E minha vida colorir
Novos caminhos desbravar
Não ter medo de se aventurar.
Alinhe-se com o Criador
Conecte-se com o puro amor
Resgate o foco, a disciplina e com louvor,
Sua alma resplandecerá
E todo o seu eu florescerá!

NOVAS PERSPECTIVAS

Para crescer, liberte-se das amarras.
Divirta-se com o voo das araras.
Libertando-se, tudo começa a fluir.
O Universo é abundante, basta a ele se unir.
Frustrações e recompensas existem em nosso caminho,
Altos e baixos, luz e sombra, acolha tudo com carinho.
Encontraremos a trilha, prosseguiremos a caminhada.
Com fé, confiança e amor, agradecemos nossa jornada.
Uma jornada variada e fascinante, que nos leva a um ponto mais elevado,
Capaz de abrir novas perspectivas
E assim promover grandes mudanças em nossas vidas!

ESTRADA DA VIDA

Para trilhar a longa estrada da vida,
Pense para além dos seus limites, seu ser convida.
Novos objetivos, resultados desejados, amor, emoção,
Desejos conflitantes atrapalham sua ação.
Dar tempo para errar, para ajustar,
Suas emoções e pensamentos administrar.
O foco resgatar, a energia não dispersar,
Para seus sonhos vivenciar!

DESAFIOS

A vida urge e desafia,
Tenha clareza do seu querer e confia.
Traz a intenção para o dia
Deixa que seja seu guia.
Traz a intenção para a vida
Mantendo-se alinhada e focada.
Saia da inércia, busque a ação
E sempre com muita paixão,
Saiba o que é preciso fazer
Para que tudo possa acontecer.

AMANHECER

A vida floresce a cada amanhecer,
Não se deixe esmorecer.
Direcione sua energia e atenção,
Para um momento de criação.
Esteja pronta para ver todo o seu querer,
Pois o Universo se alinha para você receber.

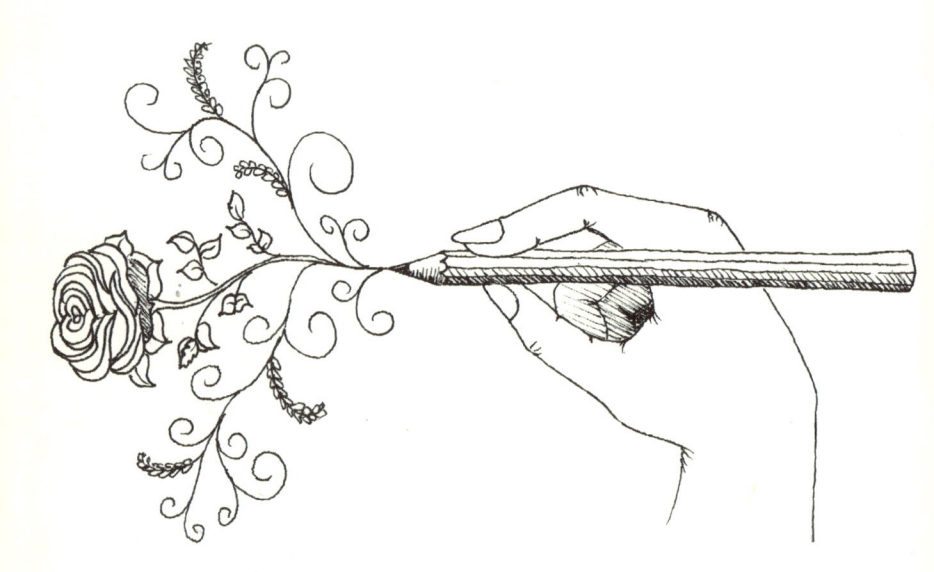

ENTREGA

Para continuar alçando voo,
Reconheço frustrações, mágoas, indecisões, perdoo.
Libero esses padrões, desapego,
Ao Universo me entrego.
É o nosso campo de força que harmoniza,
É a nossa intenção que energiza.
Presença e centramento me fazem acreditar,
Transitar do campo das ideias para o concretizar.

ESCOLHAS

Olhar para as coisas como possibilidades,
Como escolhas que eu faço
Não como tenho que fazer, disso me desfaço.
Simplifico e me comprometo,
Defino o que eu quero, faço um planejamento.
Olhar de protagonista, este é o momento.
Ações, emoções congruentes,
Pensamentos influentes.
Encontro comigo mesma
Prosperidade como fruto desse encontro,
É um presente divino,
Como o rodopiar do dançarino!

"Entre o estímulo e a resposta
está a liberdade da escolha."
Viktor Frankl

DE VOLTA PARA CASA

ETERNO APRENDIZ

Final da trilha, final da jornada.
Ah... estás enganada!
É o recomeçar, assim a sábia diz,
Da jornada do eterno aprendiz!

"Aprender é um movimento
de momento a momento."
J. Krishnamurti

GRATIDÃO

No cerrado pulsante,
Sete mulheres uivantes,
Finalizaram essa jornada
Para protagonizar sua vida amada.

Meus dias na Chapada finalizo.
Um coração imenso visualizo.
Sete dias, sete mulheres na imensidão.
Pela natureza, por essas mulheres, muita gratidão!

"Nossas vidas seriam mais luminosas se passássemos mais tempo obcecados pela gratidão do que pela carência."
Yehuda Berg

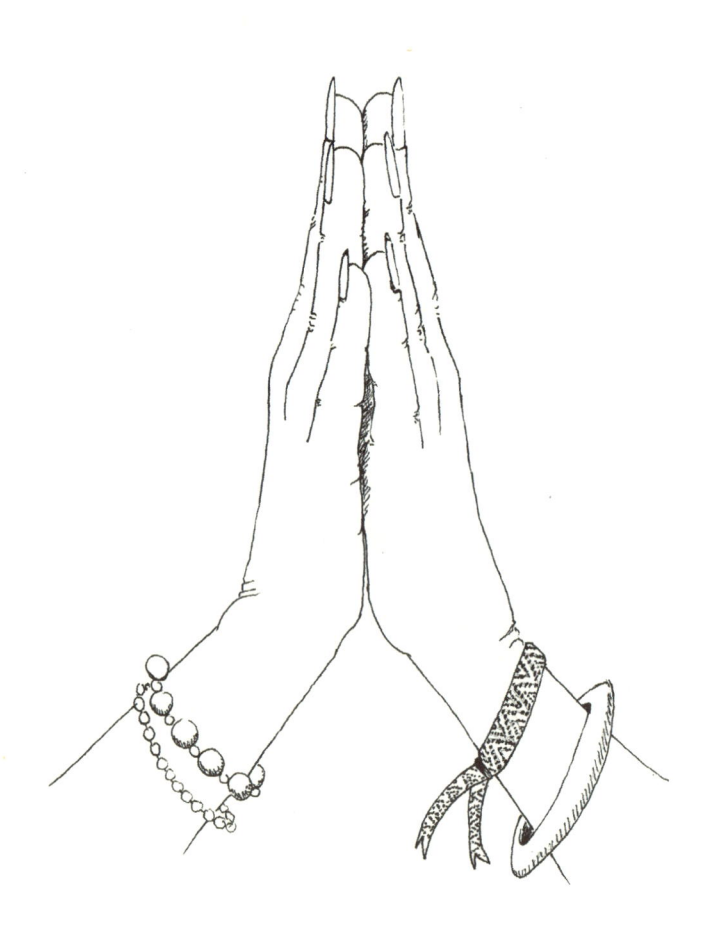

O EU VERDADEIRO

Quem sou?
Revisitei minha biografia.
Onde estou?
Nas profundezas de minha essência.
Para onde vou?
Compartilhar meus talentos, habilidades
para transformar a humanidade!

Meu canal criativo,
Se dá na madrugada.
No meu ser está ativo
O que nasceu da jornada.

"Seja realmente inteiro e todas as coisas virão até você."
Lao-Tsé

O DIA REGRESSA

A noite cai
A coruja de seu ninho sai.
O dia regressa
A família na rotina do dia se apressa
Mas, um alerta, assim diz o Senhor
Não esqueça o contato com o silêncio interior.
Pois nesta vida tudo tem um propósito, diz o Criador.

"Estou no mundo somente pelo propósito de compor."
Franz Schubert

FLUIR DA VIDA

Toda vez que você não segue o seu guia interior,
Você se sente sem energia, sem força, aí vem a dor.
Flua com a vida, deixe existir, jogue a rede, pule na cachoeira,
Quando vai em busca de seus desejos, dos anseios de sua alma, sai da cegueira.
Aí sim, com certeza sua alma está viva,
Sua essência transbordando, sua missão está ativa.
Caminhantes, errantes, persistentes, uivantes, assim prosseguimos com nossos afazeres.
Unindo todos os seres!

"O seu desejo é sua oração. Imagine a realização de seu desejo agora e sinta sua realidade, e você sentirá a alegria da oração atendida."
Joseph Murphy

RETORNO

De volta para meu lar
Os encantos saborear
Pois retornei com toda minha inteireza
Disso tenho certeza.

Estou radiante, estou feliz.
Assim meu corpo, leve, diz.
Regressei da jornada
E para uma nova vida vim preparada.

"Arte? Você apenas faz."
Martin Ritt

ACONCHEGO DO LAR

Agora em meu quintal, sob o sol que aquece meu corpo e nutre minha alma.
Meus ouvidos se deliciam com o cantar dos pássaros.
Minha visão se encanta com a pomba tecendo seu ninho.
Meu paladar se refresca com a pureza da água.
E meu tato com a delicadeza de seus lábios.

A JORNADA

Quero ser livre, leve e cantarolar sem parar,
Desapegar do medo, progredir e viajar.
Admirar a lua, o sol, os milagres da vida,
A criança, o adulto, o velho, toda jornada!

VIVER COM PLENITUDE

Busco certezas, incertezas, frescor e resplendor.
Que na maturidade reencontramos, vivenciamos e permitimos com ardor.
A vida urge, com plenitude e muito amor.
Viva agora, escolha agora, antes que a vida vá embora!

"A verdadeira vida é vivida quando pequenas mudanças ocorrem."
Liev Tolstói

VIVER SEM DEMORA

Eu me abro para o aqui, agora.
Estou a viver sem demora
Abro-me para a consciência da prosperidade.
Pois para viver, não tem idade.
Assim é, assim será.
Se entregue e o Universo proverá!

"Mire na lua. Mesmo que não acerte,
você irá aterrissar entre as estrelas."
Les Brown

O RESGATE

Vou mergulhar, meu corpo refrescar e minha mente despertar,
Resgatar minhas asas para voar, amar e criar.
Criar sonhos, criar poemas, criar vida!
Amar meu esposo, meus filhos, família e amigos, amar a vida!
Mergulhar fundo e emergir com a força da natureza,
E, no âmago da vida, encontrar toda a sua beleza.

"As palavras que iluminam a alma são mais preciosas do que joias."
Hazrat Inayat Khan

CRIAÇÃO

Para criar, basta se entregar,
Sua intenção conectar.
Observar o fluir da vida com atenção
Atenção como um ato de criação.
Tudo alinhado, para brotar a ação,
No exato momento, ocorre a criação.
Nenhum momento é desprovido de beleza.
Observe a natureza, vários tons, várias
    formas,
Assim a vida flui, assim a vida se transforma.

PERSISTÊNCIA

Viver é estar desperta,
Estabelecer novos objetivos, novas metas,
Assim como a persistência da água forma os
    desenhos rochosos,
A persistência do ser, cenários maravilhosos!

DESAPEGO

Se não quero, desapego,
Silencio, ao meu ser me entrego.
Escolho ser protagonista de minha jornada,
Priorizando meus sonhos, desejos, minha vida amada.
Para que nosso potencial divino,
Se expresse em cada gesto sereno.

TEMPO DE APRENDIZAGEM

Tempo de aprendizagem
Façamos a viagem
Um tempo de preparação,
Tempo de observação, de informação.
Tempo de voltar para casa, do retorno,
Deixar tudo se assentar, observar o entorno.
Vem depois o tempo de revisitar
O que aprendi, o que senti, deixe tudo clarear.
O que estou carregando hoje?
Quais minhas crenças, meus padrões de comportamento?
Quais minhas habilidades, meus dons, meus talentos?
Tem diante de si, o seu Eu verdadeiro,
Para o seu caminho certeiro.
Rumo ao despertar do amor,
Assim como o florescer de cada flor.
O que surge são infinitas possibilidades
Aí está a sua verdade.

VIDA

Vida é movimento, sentimento e emoção.
Vida é voo, liberdade, ação.
Oscila entre o prazer e a dor,
Entre escolhas, acertos, erros, amor,
Perdas e ganhos; não deixe de sonhar.
É a sinergia entre essas forças que faz você se movimentar!

TRATO COM A VIDA

Fiz um trato com a vida,
Afastar qualquer possibilidade de retirada.
Seguir adiante, intensificando o desejo,
 criando magia.
Meta definida, para o êxito, concentro toda
 energia!

A vida é certa na resposta,
Ela dá o que pedimos.
Desejo ardente de vencer,
Plano detalhado estabelecer!

A vida pede movimento,
Fé, coragem e sentimento.
Quando uma grande ideia aparece,
Com passos determinados, o sonho acontece!

O OLHAR

Olhar para o que move a alma.
Acreditar, sentir a cena, com calma.
Olhar para aquilo que me movimenta.
Sentido e propósito me alimentam.

Olhar para a liberdade das escolhas,
Tal qual o outono e o cair das folhas.
Um mundo transformado requer sonhadores atuantes,
Capaz de transformar sonhos em ação e seguir avante.

Olhar para o sonho como semente da realidade.
Buscar dentro de si sua verdade.
O sonho não nasce da preguiça e da falta de ambição,
Ele acontece com ação e um desejo ardente de realização.

MANHÃ DE OUTONO

Manhã de outono, desperto,
Com os sonhos de menina, tão perto!
O frescor do banho matinal traz suavidade,
Para que o dia flua com serenidade.

Uma grande ideia entrou pela janela.
Janela da alma, luz amarela,
Reflexo de um desejo ardente,
Que há muito está latente.

Pensamentos, sentimentos são criaturas
    poderosas,
Quando se misturam com propósitos
    definidos e ações generosas.
Tudo acontece, a divina presença da
    abundância e prosperidade,
A qualquer tempo, aí está a verdade.

SONHO

Adormeci, o sonho veio,
Andando de bicicleta, entre trilhas e trilhos
Na companhia de meus filhos.
Fiz a curva, desatenta, deslizei,
Toda minha perna esfolei.

Sem esmorecer, mais consciente, levantei.
No caminho, junto aos meus filhos, continuei,
Desbravando trilhas, cheguei, atenta
   despertei,
Para a vida, com objetivos, comovida,
Seguirei, com disciplina, meu sonho convida!

CICLO DA VIDA

No ciclo da vida
A jornada colorida.
Um universo de cores e sabores
Preenche a alma com todos os odores.

Estou só, estou na multidão,
Estou na luz, estou na escuridão.
Estou aqui, ali, em todos os lugares,
No céu, na terra, em todos os mares.

Do centro, nasci, renasci,
Infinitas possibilidades descobri.
Tudo na mais perfeita harmonia,
Um círculo feito com maestria!

SILÊNCIO

Silêncio, na poltrona do jardim,
Sinto, atenta, o perfume do jasmim.
Vida que pulsa e movimenta,
Natureza que nutre e alimenta.

Do centro, emana minha verdade,
O sol traz luz à minha realidade.
Não importa o que aconteça em meu
    caminhar,
O pouso do pássaro vem me alertar:
"Valorize os caminhos da vida,
Não somente o fim, a chegada,
Mas o caminhar, a linda jornada!"

Erros, acertos, um novo recomeço,
Infinitas possibilidades, eu mereço.
Cores que iluminam, pura emoção,
Pela vida, tenho hoje, muita gratidão!

ENTREGA

Vim meus sonhos resgatar,
Dançar, vibrar, colorir, criar.
Silencio, para dialogar com minha alma,
E no fluxo, em sinergia,
Prosseguir com calma.
Por que então a dúvida
Se a vida nos convida?
Por que o cansaço
Se a vida nos abraça?
Por que a confusão
Se a vida é ação?
Aqui sou, aqui estou,
Me entrego, sinto, percebo.
Ressurjo das profundezas,
Atravesso as correntezas,
Me liberto e sã desperto.
Atravesso o deserto,
Me encontro, me alegro
E aos meus sonhos me entrego!

INSTANTE

Feche os olhos, se entregue ao momento.
Neste instante, traga seu melhor sentimento.
Coração pulsa, a vida flui e o amor impera.
Entregue-se, a vida não espera.
Viva, agora.
Dance, agora.
Sorria, agora.
Ame, agora.
Escreva, agora.

E o sonho se concretizou sem demora!

Finalizo meu livro, minha arte,
Meu coração está feliz,
Minh'alma, radiante, diz:
Esta é sua verdade,
Uma experiência de amor à vida!

Este livro foi composto em ITC Century Std 13 pt e
impresso pela gráfica Paym em papel Pólen Bold 90 g/m^2.